CHAD M. MANSBRIDGE

Du hast geerbt!

CHAD M. MANSBRIDGE

Du hast geerbt!

Wie Gott uns errettet und ***Segen*** *in unser Leben bringt*

Grace today
VERLAG

Aus dem Englischen übersetzt von Julia Dittert.

Die Deutsche Nationalbibliothek verzeichnet diese Publikation in der Deutschen Nationalbibliografie; detaillierte bibliografische Daten sind im Internet über http://dnb.d-nb.de abrufbar.

Umschlaggestaltung: Jacqueline Maurice
Corporate Design: spoon design, Olaf Johannson
Lektorat: Barbara Trebing, Gabriele Pässler
Satz: Grace today Verlag
Druck: CPI – Clausen & Bosse, Leck
Printed in Germany

1. Auflage 2013

ISBN 978-3-943597-20-2, Bestellnummer 371 720
Dieser Titel ist auch als eBook erschienen.

www.gracetoday.de

Dank

Vater, letztendlich ist dieses Buch für dich allein, und genauso jede Frucht, die es vielleicht bringt, wenn die Leute es lesen. Ich liebe und bewundere dich mehr, als ich es mit Worten ausdrücken kann oder es die Zeit zulässt. Ich bin dir so dankbar für die Verheißung des ewigen Lebens durch Jesus. Danke für alles.

An Jaye und unsere Kinder: Ich liebe euch so sehr. Danke, dass ihr mit mir unterwegs seid und mich durch alle Freuden und Schwierigkeiten begleitet. Denkt daran, Er ist es wert.

An Bayside, unsere Gemeindefamilie hier am Ort: Es ist eine große Ehre und ein Vorrecht, euch dienen und das Leben mit euch teilen zu dürfen. Ihr seht unsere besten und unsere schlechtesten Seiten und mögt uns trotzdem. Was könnte man mehr wollen?

Rob und Glenda, ihr habt uns mehr beeinflusst und geprägt, als euch bewusst ist. Ich bin mehr als glücklich, dass ich mithelfen kann, euer Bücherregal zu füllen.

An meine Eltern: Ihr wisst ja, dass ich jetzt einen Schokoriegel verdient habe. ☺

Und schließlich an alle privaten und dienstlichen Freunde und Verwandten in aller Welt – es sind zu viele, um sie hier alle namentlich zu erwähnen: Tut, was ihr könnt, um Gott noch besser kennen zu lernen und andere Menschen mit ihm bekannt zu machen. Ich hoffe, dass dieses Buch einen, wenn auch kleinen, so doch wichtigen Beitrag dazu leistet.

Betet auch für uns, dass Gott eine Tür für unsere Botschaft öffnet, damit wir das Geheimnis Christi verkündigen können …
Betet, dass ich es klar verkündigen kann, so wie ich es tun soll.
Betet auch für mich, dass mir die Worte gegeben werden, wann immer ich meinen Mund öffne, damit ich das Geheimnis des Evangeliums ohne Furcht bekannt machen kann ...
Betet, dass ich es ohne Furcht verkündige, so wie ich es tun soll.
(Nach Kolosser 4,3-4 und Epheser 6,19-20)

INHALT

Vorwort

So viele Jahre bin ich nun Christ und stehe im geistlichen Dienst. Aber noch nie habe ich ein Buch gelesen, das solche Klarheit in ein Thema hineinbringt, bei dem sonst so viel Unklarheit herrscht!

Als Söhne Gottes haben wir einen gemeinsamen Feind und der macht sich die Verwirrung zunutze, die durch die bewusste wie durch die unbewusste Vermischung der drei Bundesschlüsse Gottes entstanden ist. Als Folge dieser Mischlehre haben viele Christen, die »im Geist« begonnen haben, inzwischen ein verfälschtes Evangelium angenommen. Sie trinken von einem lähmenden Cocktail aus Gesetz und Gnade.

Als Gegenreaktion breitet sich gerade weltweit eine Revolution der Gnade aus! Sie ist gekennzeichnet von einer reinen, biblischen Theologie, die das Wort der Wahrheit recht austeilt und die dem Volk Gottes wieder das Leben, die Liebe und die Freiheit des Evangeliums zugänglich macht.

Mit diesem Buch gelingt es Chad Mansbridge, den Kern der Bundeswahrheit in ihrer ganzen Leuchtkraft und Schönheit herauszuarbeiten und zum Leuchten zu bringen wie einen strahlenden Diamanten. Denn Chad ist ein Meister in der Kunst, sich prägnant und gleichzeitig leicht verständlich auszudrücken.

Und genau diese Art der Darstellung ist nötig, um denen Frieden zu bringen, die den Unklarheiten in die Falle getappt sind, die von einer schizophrenen Religion dauerhaft geschädigt und aus ihrem Erbteil verdrängt oder vertrieben wurden.

Gott verursacht keine Verwirrung.

Wie eine frische Brise platzte Chad 1997 in mein Leben hinein. Hinter seinem jugendlichen Enthusiasmus und seinem Hunger nach Wahrheit erkannte ich ein reines Herz und einen brillanten Verstand.

Mit großer Freude konnte ich zuschauen, wie er zu einem hervorragenden Pastor herangereift ist. Zweifellos ist er dazu bestimmt, einer der außergewöhnlichsten und einflussreichsten Gemeindeleiter unserer Zeit zu werden.

Hut ab, Chad!

Herzlichen Glückwunsch zu einem ausgezeichneten Büchlein, das uns heute ganz viel zu sagen hat!

Rob Rufus, Pastor
City Church International, Hongkong
Autor und internationaler Konferenzredner

Einleitung

Der Inhalt dieses kleinen Buches geht hauptsächlich auf eine kurze Predigtreihe zurück, die ich in der Bayside-Gemeinde über den Galaterbrief gehalten habe, zweifellos einen der leidenschaftlichsten Briefe des Paulus. Der Apostel beschreibt darin, wie »verwundert« und »fassungslos« er darüber ist, mit welcher Leichtigkeit die Gläubigen in Galatien bereit waren, ein verdrehtes Evangelium anzunehmen und auszuleben – ein Evangelium, das er als »überhaupt kein Evangelium« bezeichnet.

Dieser Brief erreicht im ersten Vers des fünften Kapitels einen oft zitierten Höhepunkt. Hier ermutigt Paulus seine Leser, »festzustehen« und nicht in Knechtschaft zu geraten oder aus der Gnade zu fallen. Das Wort, das er hier gebraucht, bedeutet wörtlich: *vollkommen statisch und unbeweglich* bleiben, standfest, unerschütterlich, ruhig und stabil.

Trotzdem – und in scheinbarem Widerspruch zu diesem leidenschaftlichen Aufruf zu unerschütterlicher Ruhe – fordert er sie in den folgenden Versen auf, bloß nicht passiv zu sein!

Stattdessen mahnt er die Gläubigen, sich von ganzem Herzen einem Lebensstil hinzugeben, der sich der Führung des Heiligen Geistes unterstellt. Paulus fordert sie auf, anderen aktiv zu dienen und mit ihnen zu teilen, sich aufzuopfern und bei jeder Gelegenheit gute Taten zu säen, ihre versöhnende Rolle in der Wiederherstellung von Gottes Familie zu erkennen – sowie gleichzeitig ihre Verantwortung wahrzunehmen und die spezielle »Last« zu tragen, die Gott für sie vorgesehen hat.

Es stellt sich also die Frage: Sollen wir still stehen oder sollen wir aktiv werden und vorwärts gehen?

~

In meiner Predigtreihe stellte ich das folgendermaßen dar:

- Was unsere *Position, unsere Stellung* **in Christus** angeht – jenen rechtlichen Status, den wir in der geistlichen Welt in dem Moment empfangen, in dem wir durch den Glauben an Jesus gerechtfertigt werden –, sollen wir ruhig und unerschütterlich bleiben. Unsere Zuversicht zu Gott und das große Vorrecht, dass wir in unserem Leben Zugang haben zu seiner Gegenwart und zu allem, was wir brauchen, beruhen einzig allein darauf, wer wir *in Jesus* geworden sind. In dieser Überzeugung sollen wir feststehen, unerschütterlich bleiben und uns nicht vom wahren Evangelium Christi abbringen lassen.

- Doch was unser *Denken und Handeln* im Leben und unser Wirken **mit Christus** angeht – das Verhalten, das wir uns aneignen, und alles, was wir in Zusammenarbeit mit ihm und im Gehorsam ihm gegenüber unternehmen –, in diesem Bereich sollen wir alles andere als still stehen. Gott hat uns zu einem »Vorwärts-Christsein« berufen! Wir wissen, dass Christus uns ergriffen hat. In diesem Wissen sollen wir uns nun danach ausstrecken, alles zu ergreifen und zu besitzen, wozu er uns berufen hat!

Unsere *Position* in Christus, oder genaugenommen unser *Glaube* an diese himmlische Position, soll unveränderlich und unwandelbar sein. Doch unser

Denken und Handeln, also wie wir unser Leben auf diesem Planeten ausleben, ist flexibel und in ständiger Bewegung.

In Christus wurde uns jeder geistliche Segen gegeben und verfügbar gemacht. Gottes Segnungen sind unser Vorrecht, und sie sind dazu da, *genommen* zu werden. Aber es hängt auch von uns ab, inwieweit wir diese Verheißungen ergreifen.

Mit anderen Worten: Unsere *Position* gibt uns die *Berechtigung* zu den Segnungen Gottes; doch (zu einem gewissen Maß) liegt es an unserem *Denken und Handeln*, inwieweit wir sie mehr und mehr *erleben* können.

Denken wir nur einmal an die zwei Brüder in Jesu Gleichnis vom verlorenen Sohn in Lukas 15 (ich nenne es lieber »das Gleichnis vom küssenden Vater«): Obwohl sie beide eine falsche Vorstellung von ihrem Vater hatten, was bestimmte Gesinnungen und Taten mit sich brachte, verlor keiner der Brüder jemals seine Identität als »Sohn des Vaters« oder als rechtmäßiger Erbe seines Eigentums.

Wie sie *persönlich* seine Liebe und seinen Segen erlebten, wurde durch ihre negativen Denkweisen und Entscheidungen eingeschränkt; dennoch blieb ihr *Anrecht* auf die Gegenwart und Versorgung des

Vaters bestehen. Ihre Position als Söhne änderte sich nie.

~

Dieses Buch will dich vor allem davon überzeugen, dass du aufgrund deiner Position in Christus das *Vorrecht* hast, Gottes verheißenen Segen zu empfangen. Wir haben ein Anrecht auf Gottes Verheißungen. Das ist ein ganz wesentlicher Ausgangspunkt, um Gottes Segen immer mehr und immer umfassender zu erleben.

Ein Banker würde es wahrscheinlich so ausdrücken: Ich will dir keine detaillierte Gebrauchsanweisung vorlegen, wie du Geld von deinem Konto abheben kannst. Stattdessen sollst du zuerst einmal erkennen und begreifen, dass das Konto tatsächlich auf deinen Namen läuft!

Das verheißene Land gehört dir, der Herr hat es dir »gegeben«. Nun geh und nimm es in Besitz!

Chad M. Mansbridge
www.i5812.org

E i n f ü h r u n g

Abraham, Mose und Jesus

Drei Bündnisse – drei Bedingungen

Denn auf alle Gottesverheißungen ist in ihm das Ja: darum sprechen wir auch durch ihn das Amen, Gott zum Lobe. Gott ist's aber, der uns fest macht samt euch in Christus und uns gesalbt und versiegelt und in unsre Herzen als Unterpfand den Geist gegeben hat.
(2. Korinther 1,20-22 Lut)

Von allen Gestalten, die auf den Seiten des Alten Testamentes beschrieben werden, von allen Propheten und Priestern, Herrschern und Königen, von allen großen Männern und Frauen des Glaubens, Freunden, Nachfolgern und sogar Feinden Gottes, von allen, die die Geschichte des Alten Testaments prägten, und von denen, die sie aufschrieben – von all diesen Personen werden im Neuen Testament (abgesehen von Jesus Christus) vor allem zwei am häufigsten erwähnt: Abraham und Mose.

Der Grund dafür ist einfach.

Abraham und Mose verkörpern die zwei großen Bündnisse, die Gott *vor Golgatha* mit der Menschheit geschlossen hat. Zusammen mit dem Bund, der dann durch Jesus selbst wirksam wurde, werden diese beiden Bündnisse in den Schriften des Neuen Testaments ausgiebig erörtert (besonders in den Paulusbriefen). Denn die Christen des ersten Jahrhunderts hatten große Schwierigkeiten, zwischen ihnen zu unterscheiden.

Anscheinend herrschte unter den ersten Christen ziemliche Verwirrung über den Unterschied zwischen dem Gnadenbund Jesu Christi (dem »neuen Bund«), dem Gesetzesbund des Mose (dem »alten Bund«) und dem Bund, den Gott mit Abraham geschlossen hatte.

Und es scheint, dass in der Gemeinde auch heute noch genau dieselbe Verwirrung herrscht.

Dieses Buch möchte so einfach wie möglich erklären, was die hauptsächlichen Unterschiede zwischen diesen verschiedenen Formen der Beziehung zu Gott sind. Insbesondere möchte es aufzeigen, was den Menschen dazu *berechtigt* (oder *berechtigt hat*), Gottes verheißenen Segen zu erlangen.

Seinen verheißenen Segen, das heißt: seine Gegenwart und seine Versorgung.

Meine Einteilung lautet wie folgt:

- Im Abrahambund werden Gottes Verheißungen aufgrund deiner *Abstammung* zu deinem rechtmäßigen Erbe.

- Unter dem Mosebund werden Gottes Verheißungen aufgrund deiner *Leistung* zu deinem rechtmäßigen Erbe.
- Doch unter dem neuen Bund und durch das Evangelium Jesu ist der verheißene Segen Gottes einfach aufgrund deiner *Position* dein rechtmäßiges Erbe.

Wie wir gerade gelesen haben, gilt für alle Verheißungen Gottes ein »Ja« – **in Christus**.

In diesem Buch wirst du entdecken: Gott selbst – und zwar Gott allein – berechtigt uns durch das vollbrachte Erlösungswerk und durch die rettende Kraft Jesu, wie sie im Evangelium offenbart ist, an seinem reichen, ewigen Erbe teilzuhaben.

Die Frage ist: Bist du »in Christus«?

Wenn ja, dann bist du berechtigt, alle kostbaren und machtvollen Verheißungen Gottes in Anspruch zu nehmen, unabhängig von deiner Abstammung oder schwankenden Leistung.

Aber das war nicht immer so …

1. Kapitel

Gottes Bund mit Abraham

Von Abraham bis Josef
1. Mose 12 bis 50

Und ich will dich zum großen Volk machen und will dich segnen und dir einen großen Namen machen, und du sollst ein Segen sein. Ich will segnen, die dich segnen, und verfluchen, die dich verfluchen; und in dir sollen gesegnet werden alle Geschlechter auf Erden … Und ich will dich sehr fruchtbar machen und will aus dir Völker machen und auch Könige sollen von dir kommen. Und ich will aufrichten meinen Bund zwischen mir und dir und deinen Nachkommen von Geschlecht zu Geschlecht, dass es ein ewiger Bund sei, sodass ich dein und deiner Nachkommen Gott bin.
(1. Mose 12,2-3 und 17,6-7 Lut)

Von allen Glaubenshelden, die in Hebräer 11 genannt werden, wird Abraham bei Weitem die meiste Zeit und Aufmerksamkeit zuteil. Auch im sechsten Kapitel bezeichnen ihn die Verfasser des Briefes als einen, den wir Gläubigen des neuen Bundes »nachahmen« sollen – wegen seines Glaubens[1].

Die Verheißung von Gottes besonderem Segen galt denen, die *Nachkommen* Abrahams waren.

Sogar der Prophet Jesaja ermutigt alle, die »den Herrn suchen« und »der Gerechtigkeit nachjagen«, sich Abraham als Vorbild und Mentor zu nehmen.[2]

Es ist von unschätzbarem Wert, wenn wir den Glauben Abrahams und seinen persönlichen Wandel mit dem Herrn richtig verstehen; dazu gehören auch die Verheißungen, die Gott ihm in seiner Heimat gab, seine Begegnung mit dem Priesterkönig Melchisedek im Tal Schaweh und der Schwur, den Gott später am Berg Morija schwor, wo Abraham seinen Sohn Isaak auf den Altar gelegt hatte. Doch der Platz reicht nicht, um auf diese einzelnen Themen detailliert einzugehen. Meine Absicht ist es, deine Aufmerksamkeit auf einen einfachen Aspekt des Bundes Gottes mit Abraham zu lenken:

Die Verheißung von Gottes besonderem Segen zwischen 1. Mose 12 oder 22 und 2. Mose 19 galt *nur* denen, die *Nachkommen* Abrahams waren. Solange man Erbe Abrahams war, war man berechtigt, zwar Gottes Gegenwart und Versorgung zu erben, aber niemals seinen Zorn, seine Vergeltung oder seinen Fluch.

Mit anderen Worten: In Gottes Bund mit Abraham hing die Verheißung von Gottes Segen also nicht von ihrer Leistung ab, sondern einfach von ihrem Stammbaum. Gottes Gunst wurde nicht denen gewährleistet, die sich *richtig verhielten*, sondern denen, die *die richtige Abstammung* hatten – also denen, die in die Familie Abrahams hineingeboren waren oder sich dazu zählen durften.

Wenn wir das verstehen, können wir auch sehen, warum Gott Abraham kurz vor der Geburt Isaaks – seines erstgeborenen Sohnes und Erben – den Auftrag gab, alle männlichen Haushaltsmitglieder zu beschneiden.[3]

Es gibt hier zwei Dinge, die erwähnt werden sollten. Erstens war die Beschneidung keine *Bedingung* für den Segen dieses Bundes. Schließlich hatte Gott Abraham ja schon seit rund 20 Jahren gesegnet! Stattdessen war sie eher ein *Zeichen* für den Bund, in dem Abraham bereits wandelte.

Die zweite wichtige Beobachtung ist: Abraham musste nicht um *Gottes willen* beschnitten werden. Es wäre lächerlich zu meinen, Gott hätte befürchtet zu vergessen, wer Abraham war, und deshalb die Beschneidung eingeführt, damit er Abraham von allen anderen Nomaden unterscheiden konnte! Nein, Gott hatte es nicht nötig, dass Abraham beschnitten wurde, das ist klar.

Wer die Beschneidung als Zeichen nötig hatte, das waren Abraham und vor allem seine Nachkommen und männlichen Erben nach ihm. Sie war ein *von außen auferlegtes Erkennungszeichen* für Abrahams Söhne und sollte seine Erben täglich und ganz persönlich an ihre Herkunft erinnern, an ihre Geschichte mit El Shaddai und an die Verheißungen, die ihnen aufgrund ihrer Abstammung gehörten.

Die Beschneidung diente dazu, das Volk ständig an die Verheißungen von Gottes Bund zu erinnern.

Wie das Zeichen bei Kain, der Regenbogen bei Noah, das Passahmahl bei Mose, so diente auch das Zeichen der Beschneidung dem Volk Gottes als *ständige Erinnerung* an die Verheißungen von Gottes Bund.[4]

Gott selbst musste nicht an seine Verheißungen erinnert werden, als hätte er sie jemals vergessen können! Doch leider vergaß sein Volk sie oft. Darum, denke ich, führte Gott diesen Brauch ein.

Wo auch immer sie gingen, tagtäglich würden die männlichen Erben Abrahams dieses dauerhafte und sehr persönliche, intime Zeichen an ihrem Körper sehen. Das würde sie immer wieder *daran erinnern, wer sie waren* und wie sie sich von den Nationen um sich herum unterschieden – nur aufgrund ihres Stammbaums. Und während sie sich von Neuem an die Bundesverheißungen erinnerten, erneuerten sich auch »der Glaube und die Geduld«, die nötig waren, um diese Verheißungen in Besitz zu nehmen.[5]

So fuhr der Herr also fort, Abraham und seine Nachkommen zu segnen. Er erwies sich als treu gegenüber den Verheißungen seines Bundes.

Ich will nun noch auf einen weiteren sehr wichtigen und erwähnenswerten Gesichtspunkt eingehen.

Nachdem Gott am Berg Morija seinen Bund mit Abraham geschlossen und mit einem Eid besiegelt hatte, passierte es *kein einziges Mal*, dass er Abraham oder seine Nachkommen verfluchte, tadelte, bestrafte oder richtete – trotz ihres Verhaltens und ihrer mitunter sehr fragwürdigen Moral.

Während die Berichte der Bücher Mose uns viele Beispiele dafür liefern, dass Gott durchaus *fähig* war, seinem glühenden Zorn auf die Menschheit Ausdruck zu verleihen, gibt es vor 2. Mose 19 in der Bibel keinen einzigen Hinweis darauf, dass er seinen Zorn jemals gegen Abraham und dessen Erben gerichtet hätte.

Beispiele:

- Abraham flieht von dem Ort, an den Gott ihn berufen hat. Bei zwei verschiedenen Gelegenheiten lügt er ganz offensichtlich in Bezug darauf, wer seine Ehefrau in Wirklichkeit ist, und lässt es so mit zu, dass andere Männer mit ihr unerlaubten Sex haben – und das alles, weil er feige, ängstlich und egoistisch ist. Doch nicht ein einziges Mal verdammt Gott ihn wegen dieses Verhaltens, ja es scheint, dass er ihn nicht einmal tadelt deswegen! Stattdessen steht Gott weiterhin treu zu seinen Bundesverheißungen, *segnet* Abraham und verflucht seine Feinde.[6]
- Auch Abrahams Sohn und Erbe Isaak wird von der Furcht dazu getrieben, in einer sehr ähnlichen Situation in Bezug auf seine Frau zu lügen. Doch erneut weist Gott ihn deshalb nicht zurecht und bestraft Isaak nicht, sondern segnet ihn auch weiterhin. Gott lässt Isaak sogar so überaus reich werden, dass die Philister der Umgebung ihren Neid auf seinen Wohlstand kaum im Zaum halten können.[7]
- Dann kommt Jakob. Schon sein Name bedeutet »Betrüger«! Er betrügt, um Isaaks Segen zu bekommen, und Gott gewährt ihm den Segen, ob-

wohl Jakob gelogen hatte, um diesen Segen zu erlangen. Dann täuscht Jakob zusammen mit seiner Frau Rahel seinen Schwiegervater, um an dessen Besitz zu kommen: Sie stiehlt seinen Hausgötzen und leugnet beharrlich, irgendetwas Ungehöriges getan zu haben. Doch erneut schilt oder verurteilt Gott sie kein einziges Mal für ihr Verhalten. Ja, er wirft Laban vor, er wolle Jakob schaden; Jakob oder Rahel aber rügt er nicht für ihren Diebstahl an Laban![8]

Auch dies ist wieder ein Beweis dafür, dass Gott Jakob auf der Basis seiner Abstammung behandelt und nicht auf der Grundlage seines Verhaltens.

- Und was ist mit Jakobs Söhnen?! Simeon und Levi täuschen eine ganze Stadt, um sie angreifen zu können, ermorden dann alle Männer, plündern ihre Güter und rauben ihre Bewohner. Ruben hat unerlaubten Sex mit einer seiner Stiefmütter. Juda vergnügt sich auf einer Geschäftsreise mit einer Tempelprostituierten – und muss später feststellen, dass er seine eigene Schwiegertochter geschwängert hat, die sich absichtlich verkleidet hatte, um ihn zu täuschen! Und dann sind da noch die vom Neid getriebenen Brüder

Josefs, die ihn zunächst umbringen wollen, dann in die Sklaverei verkaufen und ihrem alten Vater über seinen Verbleib absichtlich raffinierte Lügen erzählen![9]

Trotz allem: Seltsamerweise tadelt, korrigiert oder richtet Gott keinen von ihnen für dieses Verhalten! Stattdessen steht er weiter treu zu seinem Bund mit Abraham und segnet die, die als seine Söhne und Erben gelten – und zwar allein *wegen ihrer Abstammung.*[10]

2. Kapitel

Israel im Abrahambund

Von Ägypten zum Sinai
2. Mose 1 bis 18

Nicht deshalb, weil ihr zahlreicher wärt als alle Völker, hat der Herr sein Herz euch zugewandt und euch erwählt – denn ihr seid das geringste unter allen Völkern –, sondern weil der Herr euch liebte und weil er den Eid halten wollte, den er euren Vätern geschworen hatte, darum hat der Herr euch mit starker Hand herausgeführt und dich erlöst aus dem Haus der Knechtschaft, aus der Hand des Pharao, des Königs von Ägypten.

(5. Mose 7,7-8)

Nach dem Schlusskapitel des ersten Buchs Mose – nach dem Tod der Söhne Jakobs und dem Hinscheiden dieser ganzen Generation – beginnt der wachsende Stamm Israel sich über die Sklavenherrschaft der Ägypter zu beklagen. Gott hört ihr Schreien und nimmt es zu Herzen. Wegen seiner Verheißung an ihren Vater Abraham rettet Jahwe sein Volk. Sie verlassen ihre Unterdrücker reich und in bester Gesundheit![11]

Und genau hier, auf dem Weg des Volkes Israel von Ägypten nach Kanaan, wird der Kontrast deutlich zwischen Gottes Bund mit Abraham und dem Gesetzesbund des Mose, der bald geschlossen werden sollte.

Bei dem einen Bund wird die Verheißung von Gottes Segen allein aufgrund der Abstammung garantiert. Der andere Bund basiert auf *Abstammung plus Leistung.*

Dazu später mehr.

In 2. Mose 12 zieht der Tod der Erstgeborenen als zehnte Plage durch Ägypten. Sie ist das große und letzte Zeichen von Jahwes Gericht über die ägyptischen Götter und die Feinde seines Volkes. Das Gericht *geht jedoch an denen vorbei*, die sich als Nachkommen Abrahams ausgewiesen haben.

Der Tod des Passahlammes hatte *nichts* mit Vergebung zu tun.

Ähnlich wie bei der Beschneidung gehörte zur *Kennzeichnung der Identität* auch in diesem Fall Blut. Dieses Blut war ein Zeichen *für die Israeliten*, dass sie sich von den Ägyptern einzig wegen ihrer Abstammung unterschieden und dass Gott sie nur deshalb rettete, weil er ihren Vorvätern und deren Nachkommen Güte und Treue versprochen hatte.

Wie bei der Beschneidung hatte Gott auch dieses Zeichen nicht nötig! Er musste nicht daran erinnert werden, wer sein Volk war, als wäre er vergesslich oder hätte es noch nie gewusst! Dieses Zeichen des vergossenen Blutes war *zu ihrem Nutzen* da und sollte ihre Nachkommen jedes Jahr an die wunderbare Befreiung erinnern, die Gott in dieser Nacht bewirkt hatte.[12]

Ich will es noch einmal ganz deutlich klarstellen: Das Passahmahl und das Vergießen des Blutes des Lammes hatten *absolut nichts mit Vergebung zu tun*. Der Tod des Passahlammes hatte nichts mit der Sünde oder Rebellion von Gottes Volk zu tun, auch nicht mit einer Sühnung für irgendeine Verfehlung oder Unreinheit im Volk. Nicht ein einziges Mal werden in dieser ganzen Geschichte Begriffe wie Sünde, Übertretung, Sühne, Stellvertretung oder dergleichen erwähnt![13]

Der Grund dafür ist einfach: Die Israeliten befanden sich wie Abraham, Isaak und Jakob in einem Gnadenbund, in dem Gott ihnen ihre Sünden nicht anrechnete. Das Gesetz war ihnen noch nicht gegeben, und »wo kein Gesetz ist, da ist auch keine Übertretung«.[14] Und was Gott betraf, galt: »Wo aber kein Gesetz ist, da wird die Sünde nicht in Rechnung gestellt«.[15]

~

Als die Israeliten also Ägypten verließen, behandelte Gott sie so, wie er schon ihre Vorväter behandelt hatte. Trotz ihres gottlosen Verhaltens und ihrer ständigen Undankbarkeit war Gott treu und *segnete sie* mit seiner Gegenwart und Versorgung. Er verdammte, strafte oder verurteilte sie *nicht ein einziges Mal*. Bis sie zum Sinai kamen.

Hier ein kurzer Überblick:

- In 2. Mose 14 kommen die Israeliten am Ufer des Roten Meeres an. Als Erstes beschweren sie sich bei Mose über ihre Situation. Treu wie immer, teilt Gott in seiner Güte und Kraft das Wasser für sie.[16]
- In 2. Mose 15 kommen sie zu einem Ort mit bitterem Wasser. Erneut jammern sie und beschweren sich. Und was macht Gott? Ganz einfach: Er macht das Wasser für sie süß.[17]
- Im nächsten Kapitel beschweren sie sich bei Mose, weil sie nicht genug zu essen haben. Und was tut Gott, als er ihr Murren hört? Was macht er, um ihnen zu zeigen, wer hier »das Sagen hat«? Auf sehr großzügige Weise versorgt er sie mit frischer Nahrung.

  Und dieses Mal, als er erneut ihre Bedürfnisse stillt, gibt er ihnen auch einen kleinen »Test«. Durch Mose lässt er ihnen ganz genau sagen, wie sie das Manna sammeln und lagern sollen, und trägt ihnen gleichzeitig auf, einen »Ruhetag, einen heiligen Sabbat für den Herrn« einzuhalten. Dennoch missachtet das Volk die Gebote und Unterweisungen Gottes und achtet nicht auf das, worum er es gebeten hat. Als Reaktion auf diese trotzige Arroganz und Respektlosigkeit wird *Mose zornig auf das Volk.* Aber rate mal, was Gott tut? Er versorgt sie auch weiterhin, trotz ihres Ungehorsams! Er schilt sie nicht, er flucht ihnen nicht, er straft sie nicht; er entzieht ihnen auch nicht seine Gegenwart oder seine Versorgung.[18]

Gott segnet sein Volk auch weiterhin, *einfach weil* sie Kinder Abrahams sind.

- In 2. Mose 17 erreichen sie Rephidim und stellen fest, dass es auch hier kein Trinkwasser gibt. Kommen sie nun höflich zu Gott im Vertrauen darauf, dass er sie wieder auf übernatürliche Weise versorgt, wie er es bis jetzt so treu getan hat? Ganz und gar nicht. Die Menge streitet und murrt und beschwert sich *wieder* über Mose und droht sogar, ihren Leiter zu Tode zu steinigen! Und was macht Gott? Erraten! Er versorgt sie mit Wasser aus dem Felsen und gibt ihnen wieder, was sie brauchen![19]

Der Grund für Gottes unglaublich gnadenvollen Umgang mit ihnen ist deutlich und stimmt mit den Berichten aus dem ersten Buch Mose überein.

Gott segnet sie, einfach weil sie Kinder Abrahams sind.

Als Nutznießern des Abrahambundes begegnete Gott diesen Leuten nicht auf der Basis ihres Verhaltens, sondern auf der Basis ihrer Abstammung, ihres *Geburtsrechts*.

Bis zu diesem Zeitpunkt hing der Segen Gottes nicht von ihrer Leistung ab, sondern einfach von ihrer *Abstammung*.

Doch all dies sollte sich gründlich ändern.

3. Kapitel

Der Gesetzesbund

Von Sinai bis Simeon[20]
2. Mose 19 bis Matthäus 1

Wenn ihr nun wirklich meiner Stimme Gehör schenken und gehorchen werdet und meinen Bund bewahrt, so sollt ihr vor allen Völkern mein besonderes Eigentum sein ... Wenn ihr auf diese Rechtsbestimmungen hört, sie bewahrt und tut, so wird der Herr, dein Gott, auch dir den Bund und die Gnade bewahren, die er deinen Vätern geschworen hat ... Siehe, ich lege euch heute den Segen und den Fluch vor: den Segen, wenn ihr den Geboten des Herrn, eures Gottes, gehorsam seid, die ich euch heute gebiete; den Fluch aber, wenn ihr den Geboten des Herrn, eures Gottes, nicht gehorsam sein werdet ...
(2. Mose 19,5; 5. Mose 7,12; 11,26-28)

Am Berg Sinai (auch unter dem Namen Horeb bekannt) wurde durch Mose ein *neuer* Bund eingeführt. Dieser *Gesetzesbund* veränderte die Art und Weise, wie Gott und sein Volk einander begegneten, von Grund auf.

Die Verheißung von Gottes besonderem Segen erforderte nun die strenge Einhaltung einer langen, ausgiebigen Liste von Befehlen. Ein *hoher Leistungsstandard* wurde eingeführt, um sich *das Recht zu verdienen* auf das, was ihnen vorher allein aufgrund ihrer Abstammung gehört hatte.

Doch das ist noch nicht alles.

Wenn die Leistung den hohen Anforderungen dieser neuen Vereinbarung *nicht* gerecht wurde, wurden einem die Gegenwart und Versorgung Gottes entzogen und man bekam seinen *glühenden Zorn* zu spüren. Als Gottes Volk die strengen Verhaltensbedingungen dieses Bundes nicht einhalten konnte, erfuhr es am eigenen Leib Gottes Zorn, Wut, Gericht und Fluch – und zwar zum ersten Mal in seiner Geschichte.

Das war einst den Feinden Abrahams vorbehalten gewesen und denen, die nicht Erben der Verheißungen Gottes waren; doch nun traf Gottes Zorn auch die Söhne Abrahams, wenn es ihnen nicht gelang, die Bedingungen dieser Gesetzesvereinbarung einzuhalten.

Von einem Augenblick zum anderen änderte sich die Art, wie Gott mit seinem Volk umging. Sie bekamen keine »Gnadenzeit«, um sich an die neue Vereinbarung zu gewöhnen. Die Veränderung war radikal, schnell und dramatisch und traf sie völlig überraschend.

Nachdem das Volk sich in 2. Mose 19 mit diesem neuen, verhaltensabhängigen Bund mit Jahwe einverstanden erklärt hatte und in Kapitel 24 seine Verpflichtung mit einem Blutschwur bekräftigt hatte, kehrte Mose auf den Berg zurück. Über einen Zeitraum von vierzig Tagen erhielt er weitere Anweisungen von Gott. Im Mittelpunkt standen dabei die zwei »Steintafeln des Bundes«, »beschrieben mit dem Finger Gottes«.[21]

In dem Moment, in dem Gott dem Mose auf dem Berggipfel diese Tafeln in die Hände gab, sagte er ihm auch, er sei kurz davor, sein gesamtes Volk zu vernichten. Warum? Weil es (was Mose zu diesem Zeitpunkt nicht wusste) am Fuß des Berges ein goldenes Kalb anbetete und den Befehlen des Bundes ungehorsam war, die Gott ihm gerade gegeben hatte.[22]

Ohne Vorwarnung entbrannte Gottes Zorn über sein Volk – wegen ihres Götzendienstes. Zwar *hatten sie schon in Ägypten falsche Götter angebetet* und inzwischen viele Male rebellisch oder widerspenstig gehandelt. Doch nun entbrannte zum allerersten Mal in der Menschheitsgeschichte Gottes Zorn über sein Bundesvolk.[23]

Als Folge schlug er sie mit einer Plage und kündigte an, er würde diejenigen, die »gegen ihn gesündigt« hatten, aus seinem Buch auslöschen. Dreitausend Nachkommen Abrahams kamen sofort zu Tode.[24]

Nachdem Mose neue Steintafeln empfangen hatte (die ersten Tafeln zerbrachen, als er sie im Schock über den Götzendienst des Volkes zu Boden warf), begann er mit dem Volk ein Bauprojekt, das sechs Monate dauerte. Als es fertig war, ließ sich die Herrlichkeit Gottes in einer Wolke auf der neu errichteten Stiftshütte nieder, und zwar für ganze sieben Wochen. Ein von Priestern geleitetes Opfersystem wurde eingeführt, das dazu dienen sollte, Gottes Gericht über sein Volk ihrer ständigen Rebellion wegen zu mildern.[25]

Schließlich, nach fast einem Jahr am Fuße des Sinais, bewegte sich die Herrlichkeit Gottes in der Wolke weiter, die Trompeten erschallten und die Wanderung zum verheißenen Land wurde fortgesetzt.

Was dann passierte, ist verblüffend:

- In 4. Mose 11 beschwert sich das Volk schon nach drei Reisetagen »vor den Ohren des Herrn« über seine Mühsal. Das sollte uns nicht überraschen; schließlich haben sie während ihrer Reise von Ägypten zum Sinai *ständig* gejammert. Ihr Verhalten sah jetzt ja nicht anders als vorher aus! Was sich allerdings drastisch geändert hat, ist die Art, *wie Gott darauf reagiert.*

  Vor 2. Mose 19 segnete Gott sie auch dann noch, wenn sie jammerten und sich beschwerten. Aber wie reagiert er jetzt, nach dem Bundesschluss am Sinai, auf ihre undankbare Einstellung? Er sendet Feuer vom Himmel und tötet eine ganze Reihe von ihnen.[26]

- Später im selben Kapitel »jammern« sie über die Qualität und Eintönigkeit des Essens, mit dem Gott sie versorgt. Die Bibel sagt, dass »der Zorn des Herrn sehr entbrannte« über das Volk. Er schlug sie mit einer Plage und viele starben.[27]
- In 4. Mose 12 murrt Miriam über Mose, und erneut entflammt der glühende Zorn des Herrn. Als Folge davon »spuckt Gott ihr ins Gesicht« und sie wird aussätzig.[28]
- In den folgenden beiden Kapiteln sendet Mose zwölf Kundschafter nach Kanaan. Nur Kaleb und Josua kommen mit einem positiven Bericht zurück. Die übrigen zehn bringen unter den Israeliten »das Land in Verruf« und sterben »an einer Plage vor dem Herrn«.[29]
- In 4. Mose 15 gibt es einen Mann, der am Sabbat Holz sammelt. Das Volk fragt den Herrn, was in diesem Fall zu tun ist. Gott befiehlt, ihn zu Tode zu steinigen.[30]
- In 4. Mose 16 widersetzt sich ein Mann namens Korah mit einer Gruppe von 250 Vorstehern der Gemeinde dem Mose und stellt seine Leiterschaft infrage. Wegen ihrer Widerspenstigkeit

öffnet Gott den Boden und Korah und alle, die zu seinem Haus gehören, werden bei lebendigem Leibe vom Erdboden verschlungen. Dann sendet er Feuer, das die Nachfolger Korahs verbrennt! Am folgenden Tag murrt der Rest der Israeliten über Mose und gibt ihm die Schuld an den dramatischen Ereignissen. Daraufhin schickt Gott eine Plage, die noch am selben Tag weitere 14.700 Israeliten umbringt.[31]

- Kurze Zeit später murrt die Gemeinde erneut über Gott und Mose wegen des Essens und des Wassers. Gott reagiert diesmal ähnlich wie bei den Gerichten über Ägypten: Er sendet eine Plage von tödlichen Schlangen unter sein eigenes Volk. Erneut sterben als Folge dieses Gerichts, dieses Fluches, viele von Abrahams Nachkommen.[32]

Nun beantworte mir bitte diese Frage:

Was hat Gott eigentlich für ein Problem? Warum hat er sein Verhalten und seine Haltung gegenüber dem Volk plötzlich so geändert? Warum diese unerwarteten Wutausbrüche und Zornesbekundungen? Hat Gott hormonell bedingte *Stimmungsschwankungen*? Leidet er an einer *multiplen Persönlichkeitsstörung*? Hat Gott sich *verändert*?

Zwischen Ägypten und dem Sinai hat Gott sein Volk ununterbrochen *gesegnet.* Er hat ihm nichts als Liebe und Mitgefühl und Großzügigkeit erwiesen, trotz dessen rebellischen Verhaltens und dessen böser Gesinnung!

Doch nun im 4. Buch Mose, nur wenige Monate später, behandelt er es völlig anders!

Es scheint, als würde er es verdammen, bestrafen und richten, sobald es auch nur einen Fußbreit abweicht! Vielen gibt er noch nicht einmal die Zeit oder die Gelegenheit, Buße zu tun.

Seine Vergeltung kommt schnell und heftig.

So viel steht fest: Das Volk hat sich nicht verändert.

Sie sind immer noch Abrahams Nachkommen, und sie verhalten sich nicht anders, als sie es auf der anderen Seite des Berges getan haben! Vor dem Sinai beteten sie falsche Götter an, brachen den Sabbat, murrten und beschwerten sich über Gott und die Leitung des Mose, und doch unternahm Gott keinerlei Versuch, sie zu strafen! Tatsächlich schalt er sie nicht einmal. Genau wie bei Abraham, Isaak und Jakob sprach er nie davon, dass ihr Verhalten ihn bekümmerte und beleidigte.

Doch nach dem Sinai, nur wenige Monate später, hatte *das gleiche Verhalten der Israeliten* Gottes glühenden Zorn zur Folge, der sich in Fluch, Strafe, Zorn, Vergeltung, Schmerzen und Tod auswirkte!

Was ist hier los?

Gottes eigene Kinder erben nun seinen Fluch!

Nun, Tatsache ist: Gott (in sich selbst) hat sich nicht verändert und sein Volk hat sich (noch) nicht verändert. Das einzige, was sich hier geändert hat, ist *die Art der Beziehung*, die sie zueinander haben.

Die erste Art der Beziehung war ein *Gnadenbund,* in dem Gottes *unverdienter Segen* zu ihrem Anrecht und Erbteil wurde und zwar einfach deshalb, weil sie Nachfahren Abrahams waren. Gottes Zorn und seine Vergeltung waren reserviert für alle, die *außerhalb* dieser Geschlechtslinie waren, insbesondere für die, die Abrahams Stamm verfluchten.

Die zweite Art der Beziehung war ein *Gesetzesbund,* in dem Gott seinen Segen und seine Gunst denen verhieß, die nicht nur *die richtige Abstammung* hatten, sondern sich auch *richtig verhielten.* Aber mehr noch: Es war ein Bund, bei dem *Gottes Fluch* nun nicht mehr nur Abrahams Feinde traf, sondern auch dessen eigene Familie – wenn sie es nicht schaffte, den Anforderungen dieser neuen Vereinbarung genau und vollständig nachzukommen.

In den nächsten vierzehn Jahrhunderten seiner Geschichte erlebte das Volk Gottes wiederholt die Auswirkungen seiner Unfähigkeit, die Bedingungen des Mosebundes einzuhalten.

Wenn die Kinder Israel (ab und zu) dem Gesetz hinreichend gehorsam waren, empfingen sie ein gewisses Maß an Segen von ihrem Gott.

Doch wenn sie scheiterten, und das war oft der Fall, verließ der Herr sie und gab sie Unheil, Zerstörung, Niederlage, Untergang, Tod und Zerstörung preis. Oder er distanzierte sich sogar von ihnen wegen ihrer Untreue gegenüber seinem Bund.[33]

Er distanzierte sich von ihnen – so lange, bis schließlich nach vielen quälenden Jahren unter dem Fluch und der Tyrannei des Gesetzes und seinen ständigen Forderungen die himmlischen Heerscharen erschienen und die Geburt des verheißen Messias verkündeten.[34]

4. Kapitel

Weg mit dem Alten – her mit dem Neuen!

Von Johannes bis Jesus
Matthäus 1 bis Apostelgeschichte 1

Bis Johannes der Täufer zu predigen begann, hörtet ihr auf das Gesetz Moses und die Propheten. Nun wird die Botschaft vom Reich Gottes verkündet, und die Menschen drängen sich mit Gewalt hinein.
(Lukas 16,16 Elb)

Johannes war der unmittelbare prophetische Vorläufer für den irdischen Dienst Jesu. Er kam »im Geist und in der Kraft Elias«, um »dem Herrn den Weg zu bereiten«. Johannes der Täufer offenbarte auf eindrückliche Weise, wer der Sohn Gottes war und was sein Kommen für die Menschheit bedeutete.[35]

Zuerst kündigte Johannes ihn an als »das Lamm Gottes, das die Sünde der Welt *wegnimmt*«.[36]

Wie beim Passahlamm würden sich die Menschen, die zu Gottes Bundesvolk gehören, auf Generationen hinaus beim gemeinsamen Mahl an das Blut erinnern, das nun durch Jesus vergossen werden sollte.[37] Und wie die Lämmer bei den Priestern, so würde Jesus mit seinem Tod den endgültigen Preis bezahlen für die Übertretungen des Volkes Gottes gegen Gottes heiliges Gesetz.[38]

Aber weit mehr als das!

Jesu Opfer würde das gesamte Opfersystem des alten Bundes beenden, weil es die Sünden seiner Nutznießer buchstäblich »wegnimmt« – und damit auch die Notwendigkeit, irgendwelche anderen Sühneopfer darzubringen. Während die bisherigen Opferlämmer Gottes Zorn nur für eine gewisse Zeit besänftigen konnten, würde dieses Lamm die *Sünde* derer, die glauben, »für alle Zeit« aus den Büchern des Himmels *entfernen*.[39]

So sollte es der Apostel Johannes später verkünden: »Er ist erschienen, um unsere Sünden hinwegzunehmen«.[40]

Als Nächstes bezeichnete der Prophet Johannes Jesus als denjenigen, der »mit dem Heiligen Geist tauft«.[41]

Wir sehen, der Inhalt seiner Botschaft war ganz einfach: »Tut Buße, denn *das Reich der Himmel ist nahe herbeigekommen*«.[42] Doch der Kern seiner Verkündigung war eine Person – der Eine, der unsere Schuld bezahlte, damit wir in den Himmel eingehen können, ist derselbe, der seinen Geist ausgießt, damit wir den Himmel auf Erden *erfahren* können (und ihn sogar für andere *sichtbar, spürbar, erfahrbar machen*).

Durch seine moralische Reinheit und seine machtvollen Wunder (nach seiner Taufe) war der Sohn des Menschen dreißig Jahre lang die vollkommene Verkörperung Gottes »im Fleisch«. Auf diese Weise führte er einen wichtigen Teil seines Auftrags auf der Erde aus, nämlich den Namen und das Wesen seines Vaters zu offenbaren.[43]

Als er dann ans Kreuz genagelt wurde und auf einem Hügel namens Golgatha zwischen Himmel und Erde ausgestreckt hing, als er alles erfüllt hatte, was über ihn prophezeit worden war, sprach er vor seinem Tod die lang ersehnten Worte: »**Es ist vollbracht**«.[44]

Aber was genau war vollbracht?

Jesu Erlösungswerk war noch nicht abgeschlossen. Noch lange nicht!

Er war noch nicht begraben, noch nicht von den Toten auferweckt und noch nicht in Herrlichkeit aus dem Grab erstanden; er hatte noch nicht »den Geistern im Gefängnis gepredigt« und war auch noch nicht um unseretwillen in den Himmel aufgefahren als Hoherpriester, der »Gefangene mit sich führt«, und er hatte sich auch noch nicht zur Rechten der Majestät Gottes gesetzt. Er hatte noch nicht, wie versprochen, Gottes Geist ausgegossen; er war weder Paulus noch Petrus noch den anderen Aposteln erschienen und ganz gewiss war er noch nicht in seiner himmlischen Herrlichkeit und seinem Glanz auf die Erde zurückgekehrt.[45]

Jesus hatte noch eine ganze Menge zu tun!

Was meinte er also, als er erklärte: *»Es ist vollbracht«*?

Im selben Moment, in dem er diese entscheidenden Worte aussprach, zerriss der Vorhang im Tempel in zwei Stücke – vom Himmel her bis zur Erde. Dies bedeutete: *Die Epoche des alten Bundes war beendet*, und das neue Zeitalter, in dem der Zugang zu Gott und seiner Versorgung frei zugänglich ist, hatte begonnen.[46]

Jesus, das Lamm Gottes,
das Sünde wegnimmt –
»Es ist vollbracht!«

Das System des alten Bundes, von Mose eingeführt, von Engeln vermittelt und über viele Generationen aufrechterhalten, war nun *überflüssig* geworden und sollte bald ersetzt werden![47]

Durch das vergossene Blut und den geschundenen, getöteten Leib des leidenden Gottesknechts wurde auf Golgatha ein neuer und besserer Bund eingeführt und fünfzig Tage später, an Pfingsten, eingesetzt.[48]

Ein *neuer Bund*, der den nun »veralteten« Bund des Mose »aufhebt«.[49]

Eine *Beziehung, in der man vor Gott gerechtfertigt dasteht* und in der Abstammung und Leistung nichts gelten.[50]

Eine Vereinbarung mit Gott, die nicht darauf basiert, ob man in die richtige Familie hineingeboren wurde oder sich richtig verhält.

Ein Abkommen, bei dem alle Bundesverheißungen Gottes »Ja« sind für alle, die einfach nur *richtig glauben*.

Ein Bund, den *der Vater mit dem Menschen Jesus Christus geschlossen hat* – stellvertretend für die gesamte Menschheit –, und dessen Vergünstigungen zum rechtmäßigen Erbe aller derer werden, deren *Stellung in ihm* ist.

5. Kapitel

Der neue Bund

Von Pfingsten bis in Ewigkeit
Apostelgeschichte 2 bis Offenbarung 22

Denkt daran, dass ihr zu jener Zeit ohne Christus wart, ausgeschlossen vom Bürgerrecht Israels und Fremde außerhalb des Bundes der Verheißung; daher hattet ihr keine Hoffnung und wart ohne Gott in der Welt.
Jetzt aber in Christus Jesus seid ihr, die ihr einst Ferne wart, Nahe geworden durch das Blut Christi ...
In ihm sind wir auch zu Erben eingesetzt worden.
(Epheser 2,12-13; 1,11a Lut)

Liebe Freunde, liebe Verwandte, und ihr alle, die ihr Jesus nachfolgt, ich habe eine gute Nachricht für euch! Wir sind Gottes Volk! Wir sind sein kostbares Eigentum! Wir sind rechtmäßige Erben seiner Gegenwart, seiner Versorgung und all der anderen Segnungen des Bundes – einfach deshalb, weil wir *in Christus* sind.

Mit anderen Worten: Unsere Beziehung zu Gott beruht auf unserer *Position*, unserer Stellung in der Person von Jesus.

Unabhängig von deinem Stammbaum, deinen Leistungsschwankungen, deinem familiären Hintergrund oder deinem frommen Verhalten ist Gott bereit, dich zu segnen und eine Beziehung zu dir zu haben – einzig auf der Grundlage deiner sicheren Position »in dem Geliebten«, seinem Sohn.[51]

Denn als der »einziggeborene Sohn« Gottes hat Jesus *den vollkommenen Stammbaum*.[52]

Was seine Abstammung und Familiengeschichte angeht, ist sein Leumund perfekt. Und wenn du »in Christus« versetzt bist und deine Position in ihm ist, dann wird sein perfekter Stammbaum zu deinem. Jesus wird dein Bruder, so wie sein Vater zu deinem Vater wird.[53]

Durch das Evangelium bist du »in Christus« – und er hat den perfekten Stammbaum.

Du wirst ein Miterbe Christi und erhältst von ihm die vollen Rechte geistlicher Sohnschaft.[54]

Nicht nur das, sondern Jesus ist auch »der Nachkomme«, dem alle Verheißungen Abrahams gelten. Paulus sagt, dass die Verheißungen an Abraham letztendlich einem (einzigen) Nachkommen galten und nicht mehreren.[55] Dies gilt insbesondere für die Verheißung, die Erde einzunehmen und die Völker der Welt durch die Gabe der Gerechtigkeit zu segnen.[56]

Weil Jesus der rechtmäßige Erbe des Segens Abrahams ist, gelten diejenigen, die sich *in ihm* befinden, automatisch als Christi Miterben dieser selben Verheißungen!

Mit anderen Worten: Auch wenn Abraham einen solchen Glauben hatte, dass er bereit war, Isaak auf dem Altar zu opfern, musst du nicht den gleichen Glauben besitzen, um die Verheißungen zu empfangen, die Gott Abraham gegeben hat. Du brauchst keinen Glauben zu haben, der bereit ist, den eigenen Sohn umzubringen. Du musst nur glauben, dass Gott bereit war, seinen Sohn zu töten.

In dem Moment, in dem du an Jesus glaubst, wirst du *in ihn* hineinversetzt. Du bist nun permanent in dem Einen, der »der Same« und rechtmäßige Erbe Abrahams ist. Du bist in den hineingetauft, der den vollkommenen Stammbaum hat – und wirst mit ihm bekleidet und von ihm bedeckt.[57]

So gehören die Verheißungen Gottes an Abraham und seinen Nachkommen nun denen, die sich in Christus befinden. Weil Jesus *vollkommen berechtigt* ist, Abrahams Segen in Anspruch zu nehmen, sind es auch alle, die *in ihm* erfunden werden!

Der Segen Abrahams bedeutet: die Verheißung, groß, fruchtbar, einflussreich und bedeutend zu sein; die Verheißung einer großen Belohnung und eines Segens, der ansteckend ist und sich über die ganze Welt erstreckt; die Verheißung von Schutz, Verteidigung und überfließender Versorgung; die Verheißung auf ein großartiges persönliches Erbe, auf Landbesitz und dazu noch das Vorrecht, untadelig vor Gott zu wandeln – und all dies gehört denen, die an Jesus glauben.[58]

~

Aber Moment, da gibt es noch mehr.

Als das makellose und tadellose Lamm Gottes erbrachte Jesus auch *die vollkommene Leistung.* Obwohl er in jeder Hinsicht versucht wurde wie wir, war er ohne Sünde.[59] Petrus sagt: »Er hat keine Sünde getan, es ist auch kein Betrug in seinem Mund gefunden worden«.[60]

Anders als die Nachfahren Abrahams hatte Jesus also nicht nur *die richtige Abstammung*, sondern auch das vollkommen *richtige Verhalten.*

In seinem Leben bewies der Mensch Jesus Christus vollkommenen Gehorsam gegenüber dem Gesetz. In seinem Tod erwies er sich genauso vollkommen, und zwar als Zahlungsmittel für jeden Ungehorsam gegenüber dem Gesetz.

Jesus wurde also durch seine vollkommene Leistung als würdig erachtet, den ganzen Segen Gottes zu erben, der im mosaischen Gesetz verheißen wurde. Und er wurde als würdig erachtet, niemals mehr den Fluch, Zorn, die Wut oder das Gericht zu erben oder zu erleben, welche das Gesetz für Ungehorsam fordert. Auf Golgatha bezahlte er ein für alle Mal und vollkommen für die Sünde, darum wird er diese Strafe *niemals* wieder schmecken.

Dasselbe gilt für die, die *in ihm* gefunden werden, die durch sein Opfer für immer für »heilig« erklärt werden.[61] Auch wir sind – wegen unserer *Position in Christus* – rechtmäßige Erben des Segens Gottes, wie er im mosaischen Gesetz beschrieben ist, aber niemals Erben von Fluch oder Gericht![62]

Was Gott Israel als Belohnung für seinen Gehorsam verhieß, ist nun das rechtmäßige Erbe der Gläubigen im neuen Bund, *weil Christus stellvertretend für uns gehorsam* war.

Die Verheißung eines langen, erfolgreichen Lebens; die Verheißung, dass auf unseren Familien, unserem Geschäft, unseren Investitionen, unseren Besitztümern und unserer Gesundheit sein besonderer Segen und seine Gunst liegen; die Verheißung eines »überfließenden« Erfolges in allen Werken unserer Hände, die uns »zum Kopf und nicht zum Schwanz« machen, die uns »aufwärts und nie abwärts« bringen; und die Verheißung, dass Gott Freude an uns hat – an seinem Volk, seinem Erbteil, seinem kostbarsten Eigentum[63] – alle diese Verheißungen sind nun unser rechtmäßiges Erbe!

Jesus Christus brachte eine vollkommene Leistung. Und er hielt das gesamte Gesetz ein – stellvertretend für uns!

Aufgrund der vollkommenen Leistung Jesu sind diese wunderbaren Verheißungen des alten Bundes ein »Ja« für alle, die in Christus sind. Wenn du in Christus bist, bist du *berechtigt*, diesen Segen zu erben!

~

Doch da gibt es *noch* mehr.

Wir erben nicht nur die Verheißungen Abrahams, die auf der Abstammung beruhen, und die Verheißungen an Mose, die auf Leistung basieren, sondern es gibt im neuen Bund noch eine ganze Reihe neuer Verheißungen, die ebenfalls uns gehören!

Gott verspricht durch das Evangelium von Jesus Christus, uns unsere Bosheit zu vergeben und an unsere Sünden nie mehr zu denken. Nicht nur wird unsere gesamte Schuld vergeben und völlig weggenommen, sondern uns wird auch die vollkommene Gerechtigkeit Christi zugerechnet, so dass wir vor dem Vater genauso *gerechtfertigt dastehen* wie Jesus selbst![64]

Dank seiner »ewigen Güte«, die sich im stellvertretenden Leiden und Sterben seines Sohnes ausdrückt, verspricht Gott: Er wird seinem Volk nie mehr zürnen, seine unwandelbare Liebe und seinen »Friedensbund« nie denen entziehen, die Christus kennen und deshalb vor ihm gerecht sind. Anders als der nun »überflüssige« Gesetzesbund ist dieser neue Bund »*ewig*«. Gott verspricht darin, »nie aufzuhören«, seinem Volk Gutes zu tun.[65]

Im neuen Bund wird Gottes stärkende und berauschende Gegenwart zu unserem Erbe und unserem Vorrecht, jetzt und in alle Ewigkeit. Und sie dient als Kennzeichen derer, die zu ihm gehören.[66]

Und dies geschieht nicht, weil wir die *richtige Abstammung* haben. Es geschieht nicht, weil wir uns *richtig benehmen*. Sondern einfach, weil wir *richtig glauben*.

Wie Jesus selbst gesagt hat, erfüllen wir das Werk, das Gott von uns *fordert*, wenn wir »an den glauben, den er gesandt hat«.[67]

In Christus genießen wir vor Gott dieselbe Gerechtigkeit wie Jesus selbst!

Wir setzen unser Vertrauen in den, »der von keiner Sünde wusste«, doch »für uns zur Sünde gemacht« wurde, »damit wir *in ihm* zur Gerechtigkeit Gottes würden«. Das hat zur Folge, dass wir nun Zugang haben zu Gott mit »Freimütigkeit« und »Zuversicht«.[68]

Der freie und ungehinderte Zugang zur übernatürlichen Gegenwart Gottes und zu seinen Gaben ist unser Privileg, und zwar nur deshalb, weil wir »in Christus« hineinversetzt wurden und dort für immer bleiben.

In diesem ewigen und weit besseren Bund hat ***dich*** *Gott selbst* unmissverständlich und unwiderruflich dazu ***berechtigt***, an dem ewigen Reichtum seines verheißenen Segens teilzuhaben.[69]

Fazit

Du hast geerbt!

– ab heute –

[... möget ihr] mit aller Kraft gestärkt [werden] gemäß der Macht seiner Herrlichkeit zu allem standhaften Ausharren und aller Langmut, mit Freuden, indem ihr dem Vater Dank sagt, der uns tüchtig gemacht hat, teilzuhaben am Erbe der Heiligen im Licht. Er hat uns errettet aus der Herrschaft der Finsternis und hat uns versetzt in das Reich des Sohnes seiner Liebe, in dem wir die Erlösung haben durch sein Blut, die Vergebung der Sünden.

(Kolosser 1,11-14)

Um es mit den Worten von Paulus, des großen Apostels des ersten Jahrhunderts, auszudrücken: »Was wollen wir nun hierzu sagen?«[70]

Nun, zuerst einmal: Gott sei Dank für ein solch großartiges Heil!

Was für ein umwerfendes Evangelium! Was für ein unglaublicher Bund, den der Vater uns durch Jesus angeboten hat!

Es ist absolut erstaunlich, dass die kostbare Verheißung von Gottes Gegenwart und seiner reichen Versorgung unser Anteil und Vorrecht ist, nur weil wir in Christus sind!

Völlig unabhängig von unserer Leistung oder Abstammung, unserem Hintergrund oder Verhalten, werden die Segnungen Gottes zu unserem Geburtsrecht – einzig und allein deswegen, weil wir durch den Geist Gottes wiedergeboren, in Christus hineingetauft und mit seiner Heiligkeit überkleidet wurden und weil wir durch den Glauben an sein

Evangelium den Überfluss der Gabe seiner Gerechtigkeit empfangen haben.

Diesen neuen Bund lediglich als »besser« oder »höher« als den Gesetzesbund des Mose zu bezeichnen, ist meiner Meinung nach eine der größten Untertreibungen in der ganzen Bibel.[71]

Wenn jemand dann noch den alten und den neuen Bund als gleichbedeutend ansieht, dann ist das schlichtweg lächerlich![72]

Den neuen Bund anzunehmen, sich dann aber wieder dem alten Bund zuzuwenden, ist Torheit.[73]

Die beiden miteinander zu verwechseln, weil man zwischen ihnen nicht richtig unterscheiden kann, ist Unwissenheit.[74]

Aber die beiden Bundesschlüsse absichtlich miteinander zu vermischen und nebeneinander zu stellen, als wären sie für das Leben und Handeln der Gemeinde gleichermaßen wichtig, kann man nur als Häresie, als Irrlehre, bezeichnen.[75]

~

Ich hoffe, dass du von heute an zu einer größeren Freiheit und Zuversicht findest, um dir die vielen herrlichen Verheißungen Gottes anzueignen und sie in Besitz zu nehmen. Sie sind für dich ein »Ja«, weil deine Stellung *in Christus* ist.

Alles, was du jetzt noch tun musst, ist, »Amen« zu sagen, »So sei es!«, und weiterzugehen, egal welche Schwierigkeiten sich dir in den Weg stellen wollen, damit du all diese Dinge, die Jesus Christus fest für dich ergriffen hat, auch selbst »ergreifst«.[76]

Schlussgedanken

Die Entwicklung der Bundesschlüsse Gottes

Von der frühen Kindheit bis zum Erwachsenenalter

So ist also das Gesetz unser Lehrmeister geworden auf Christus hin, damit wir aus Glauben gerechtfertigt würden. Nachdem aber der Glaube gekommen ist, sind wir nicht mehr unter dem Lehrmeister: Denn ihr alle seid durch den Glauben Söhne Gottes in Christus Jesus ... Ebenso waren auch wir, als wir noch unmündig waren, den Grundsätzen der Welt als Knechte unterworfen. Als aber die Zeit erfüllt war, sandte Gott seinen Sohn, geboren von einer Frau und unter das Gesetz getan, damit er die, welche unter dem Gesetz waren, loskaufte, damit wir die Sohnschaft empfingen. (Galater 3,24-26; 4,3-5)

Zum Schluss möchte ich noch etwas zum Nachdenken mitgeben.

Als Abraham in den Bund mit Gott eintrat und zum Vater unseres Glaubens wurde, war er schon ziemlich alt. Seine Nachfahren, als *identifizierbares* Volk unter Gottes Leitung, waren vor dem Geschehen am Sinai allerdings noch sehr kleine Kinder. Und es scheint, als habe Gott sie irgendwie auch *wie Babys* behandelt.

Ja, er bestrafte oder verfluchte sie nie wegen ihres Verhaltens, aber dass er sie nicht einmal schalt für ihr Benehmen oder sie wenigstens korrigierte – war das nicht ein bisschen verantwortungslos von ihm? Wie konnte er ihnen dieses Verhalten, das seiner Lauterkeit, seiner Integrität so wenig entsprach, einfach so durchgehen lassen?

Soweit wir wissen, versuchte Gott nicht ein einziges Mal, ihre Ethik und ihr sittliches Verhalten zu korrigieren. War es ihm womöglich einfach *egal*, wie sie sich verhielten?

Die frühen Geschichten im ersten Buch Mose zeigen einen Gott, dem das Verhalten derer, die er zu seinem Ebenbild geschaffen hat, sehr wohl am Herzen liegt. Der Bericht über Noah in 1. Mose 6 zum Beispiel schildert, wie es Gott »reute« und schmerzte, als er sah, dass menschliche Bosheit solche Gewalt auf Erden hervorgebracht hatte.[77]

Vor dem Sinai befand sich das Volk Gottes im Kleinkindalter.

Später lesen wir, dass die Sünde Sodoms so »schwer« und schmerzlich war, dass Gott trotz Abrahams Flehen die gesamte Stadt vernichtete![78] Dies lässt keinen Zweifel daran, dass es Gott vor der Einsetzung des Gesetzesbundes *niemals egal* war, wie die Menschen sich verhielten.

Außerdem zeigt uns ein Blick ins Neue Testament ziemlich schnell, dass sich Gott *sehr wohl* für das Verhalten seiner Gemeinde interessiert, für das

Verhalten der Menschen, die seinen heiligen Namen tragen.[79]

Meine Vermutung ist also, dass Gott sein Volk vor dem Sinai wie ein Volk *im Kleinkindalter* behandelte.

Gute Eltern würden ihr Neugeborenes nie bestrafen oder verfluchen, weil es so egoistisch oder undankbar ist!

Wir schelten oder korrigieren ebenfalls nicht das *sittliche* Verhalten eines Säuglings, noch versuchen wir, es zu berichtigen.

Auch wenn sich ein Baby noch so egoistisch verhält und ständig jammert und klagt, werden gute Eltern über so ein Benehmen hinwegsehen und sich weiterhin um die Bedürfnisse des Kindes kümmern. Denn so unangebracht solch ein Verhalten bei einem Erwachsenen wäre, so normal und akzeptabel ist es bei einem Säugling!

Wir warten, bis das Kind größer ist, bevor wir in der Erziehung Korrektur üben oder Strafe anwenden.[80]

~

Wie wir soeben gelesen haben, bezeichnet Paulus in Galater 3 und 4 das jüdische Volk (diejenigen, die »unter dem Gesetz« sind) als *»unmündig«* (also als

Kinder), während er das Volk der Christen (diejenigen »in Jesus Christus«) »*Söhne*« nennt.[81]

Er macht hier bewusst einen Unterschied zwischen den zwei Identitäten – der eines »Kindes« (griechisch *nepios*) und der eines »Sohnes« (griechisch *huios*) – und bringt damit eine tiefe Wahrheit zum Ausdruck.

Er erklärt, wie das Gesetz (unter anderem) dem jüdischen Volk als eine Art Kindermädchen oder Erzieher diente, weil es ihnen immer erklärte, was sie tun sollten, und dafür sorgte, dass ihr Verhalten stimmte. Es behandelte sie aber *stets als Kinder* und erlaubte ihnen nie, erwachsen zu werden und *zu den vollen Rechten und Privilegien* geistlicher Mündigkeit heranzureifen.[82]

In vielerlei Hinsicht unterschieden sie sich also nicht sehr von Knechten oder *Haussklaven*, sagt Paulus. Sicherlich hatten sie den richtigen *Stammbaum* und eine gewisse Ahnung von dem verheißenen Eigentumsrecht am Besitz des Vaters. Doch solange sie Kinder waren und sich unter der ständigen *Bevormundung des Gesetzes* befanden, hatten sie weder das Recht noch die Fähigkeit, sich nach Belieben an den Vorräten von Gottes Haus zu bedienen.

Die unverkennbare, vertraute Gegenwart Gottes; die Stimme von Weissagung, Träumen und Visionen; die Fähigkeit, selbst Wunder zu wirken und die ständige Leitung des Geistes, der in ihren Herzen wohnt – all das war den *Kindern* Gottes unter dem Gesetz nicht ohne Weiteres zugänglich. Ja, tatsächlich war es nur einigen wenigen Auserwählten vorbehalten.

Doch im neuen Bund wird unsere *Identität* auf radikale Weise *neu definiert.*

Paulus zeigt, dass der Gläubige im neuen Bund wegen seiner Position in Christus (also völlig unabhängig von Rasse, Beruf oder Geschlecht) ein ausgewachsener, *erwachsener Sohn* im Haus Gottes ist.[83]

In Gottes Haus sind wir nicht allein *Kinder* (zumindest geht es Paulus in Galater 3-4 nicht um diesen Aspekt), sondern *erwachsene Erben.*

Und als Erben von Gottes Gegenwart und Gaben haben wir das volle Recht darauf, den verheißenen Geist in Anspruch zu nehmen, in der Kraft und Vollmacht unseres Vaters zu wirken und für die Völker der Welt ein Segen zu sein.[84]

Kurz zusammengefasst:

- In Gottes Bund mit Abraham war Gottes Volk *wie ein Baby.* Es hatte wenig oder kein Interesse daran, ihn gut zu repräsentieren – und auch nicht den Wunsch dazu. Seine Motivation war vorwiegend egoistisch, wie bei einem Kleinkind, und *Gott korrigierte das nie.*
- Unter dem Gesetz war Gottes Volk wie *ein Kind.* Es hatte einen Erzieher, einen Pädagogen, der es bei der Stange hielt. Es verhielt sich in einer bestimmten Art, weil sein Lehrer Gehorsam forderte und weil es bestraft wurde, wenn es nicht folgte.
- Doch nun, in Christus, besteht Gottes Volk aus *erwachsenen Söhnen und Töchtern.* Als vollständig herangewachsene Erwachsene haben wir ein Anrecht auf das volle Erbe. Gleichzeitig haben wir auch die Pflicht, unseren Vater und unsere Familie gut zu repräsentieren. Und wir sind *berufen* und es wird von uns *erwartet*, dass wir seinem Einfluss auf Erden mehr Geltung verschaffen und sein Reich ausbreiten.

Wir sehen also an diesem Vergleich, dass Gott das christliche Volk nicht als Baby betrachtet oder behandelt und auch nicht als unreifes Kind. Gott *sieht und behandelt uns als erwachsene Söhne und Töchter.* Er bezeichnet uns als seine »Mitarbeiter« und sendet uns in die Welt. Dabei überträgt er uns die Verantwortung, *so in seiner Vollmacht aufzutreten und sein Eigentum so zu verwalten*, dass sein Name geehrt wird und die Grenzen seines Reiches erweitert werden.[85]

Wer »in Christus« ist, besitzt die vollen Rechte eines erwachsenen Sohnes und Erben.

Als mündige Erwachsene haben wir außerdem den *inneren Wunsch*, Gottes Anweisungen zu folgen und nach seinen Absichten zu leben, weil wir verstehen, dass wir seinem Herzen damit Freude machen und seinem Namen Ehre bringen.[86]

Christus hat uns dazu beauftragt, Repräsentanten unseres Vaters und Botschafter seiner himmlischen Regierung zu sein. Wenn wir das wirklich glauben, »trachten wir ernstlich« danach, *heilig zu leben*, damit andere – aufgrund unseres Charakters und unseres Verhaltens – den Herrn erkennen und sein Evangelium attraktiv finden.[87]

Als Erwachsene brauchen wir nicht länger das Gesetz als eine *äußere Quelle*, die uns schult und überwacht. Nein, Gottes Wünsche und Absichten sind nun *auf die Tafeln unserer Herzen* geschrieben.[88] Wir kümmern uns einfach um die laufenden Geschäfte des Vaters und nehmen dabei sowohl die Rechte als auch die Pflichten unseres Erwachsenseins wahr.

Und wir erkennen immer besser, was die Pläne, Anliegen und Vorlieben unseres Vaters sind, weil wir in einer so engen Beziehung zu ihm stehen – dank des Geistes, durch den wir »Abba, lieber Vater« rufen, und dank Jesu, unseres lebendigen Vorbilds, der uns »Freunde« und »Brüder« nennt.[89]

Durch das Evangelium gehören uns die Vorrechte des Bundes mit Gott nicht länger wegen unserer Abstammung oder Leistung, sondern einfach aufgrund unserer Stellung *in Christus*.

Und mit diesen Rechten kommen bestimmte Pflichten. Denn Gott behandelt sein Bundesvolk nicht länger wie ein Baby oder wie ein Kind, sondern wie einen erwachsenen Sohn, der sich um das kümmern muss, »was (seines) Vaters ist«[90] – der sich also in der Nähe seines Vaters aufhält und seine Güter treu verwaltet.

Sela.

Im Übrigen, meine Brüder, freut euch ***in dem Herrn****! Euch immer wieder dasselbe zu schreiben, ist mir nicht lästig; euch aber macht es gewiss. Habt acht auf die Hunde, habt acht auf die bösen Arbeiter, habt acht auf die Zerschneidung!*

Denn wir sind die Beschneidung, die wir Gott im Geist dienen und uns ***in Christus Jesus*** *rühmen und* ***nicht auf Fleisch vertrauen****, obwohl auch ich mein Vertrauen auf Fleisch setzen könnte. Wenn ein anderer meint, er könne auf Fleisch vertrauen, ich viel mehr: beschnitten am achten Tag, aus dem Geschlecht Israel, vom Stamm Benjamin, ein Hebräer von Hebräern* ***[also die »vollkommene Abstammung«],*** *im Hinblick auf das Gesetz ein Pharisäer, im Hinblick auf den Eifer ein Verfolger* *der Gemeinde, im Hinblick auf die Gerechtigkeit im Gesetz untadelig gewesen* **[also die »vollkommene Leistung«].**

Aber was mir Gewinn war, das habe ich um des Christus willen für Schaden geachtet; ja, wahrlich, ich achte alles für Schaden gegenüber der alles übertreffenden Erkenntnis Christi Jesu, meines Herrn, um dessentwillen ich alles eingebüßt habe; und ich achte es für Dreck, damit ich Christus gewinne und ***in ihm*** *erfunden werde* **[also die »vollkommene Position«]***, indem ich nicht meine eigene Gerechtigkeit habe, die aus dem Gesetz kommt, sondern die durch den Glauben an Christus, die Gerechtigkeit aus Gott aufgrund des Glaubens,* ***um Ihn zu erkennen*** *…* *(Philipper 3,1-10)*

Anmerkungen

1. Hebräer 6,12-15.
2. Jesaja 51,1-2.
3. 1. Mose 17,18-21; 21,12-13; 22,2+12+16. Obwohl Ismael biologisch gesehen eigentlich Abrahams erstes Kind war, bezeichnete Gott ihn nie als Abrahams *Sohn*. Stattdessen war Ismael von nun an einfach »der Junge«, »dein Nachkomme« oder »der Sohn deiner Magd«. Sobald Ismael von Abrahams Haushalt ausgeschlossen worden war, nannte Gott den *Isaak* »deinen Sohn, deinen **einzigen** Sohn«.
4. Das Zeichen Kains (1. Mose 4,15), das Zeichen des Regenbogens bei Noah (1. Mose 9,12-17), das Blut und Mahl zum Passah (2. Mose 12,13; 13,9). In jedem dieser Fälle wird für »Zeichen« dasselbe hebräische Wort benutzt. Das *Zeichen* und Siegel für die Nutznießer des neuen Bundes ist *die Gegenwart des Geistes Gottes* in ihrem Leben (Römer 8,16; Epheser 1,13). Auch wenn manche meinen, letzten Endes sei die »Liebe zueinander« das Kennzeichen eines Christen (Johannes 13,35), ist diese »Liebe«

doch nur ein Aspekt der »Frucht« des innewohnenden Geistes (Galater 5,22). Letztlich ist die Gegenwart des Heiligen Geistes der Beweis und das Kennzeichen eines wahren Gläubigen; diese drückt sich auf vielfältige Weise aus.

5. Hebräer 6,12. Die männliche Beschneidung diente zunächst nur praktischen Zwecken als »Zeichen der Erinnerung« für die Menschen an Gottes Bund. Zur Zeit der Apostel wurde dann aber auch ihre tiefe prophetische Absicht deutlich: Wer an Jesus glaubt, ob Mann oder Frau, erlebt eine »Beschneidung des Herzens«, bei der Jesus selbst die fleischliche, sündige Natur von jedem Menschen wegnimmt, der ihn als Herrn aufnimmt (Römer 2,29; Kolosser 2,11-14).
6. 1. Mose 12,10-17; 20,1-18; 24,1.
7. 1. Mose 26,7-14.
8. 1. Mose 27,19-36; 30,27-43; 31,19-42.
9. 1. Mose 34,13-29; 35,22; 37,19-35; 38,12-25.
10. Vor dem Geschehen am Sinai wird nur von dreien der Nachkommen Abrahams berichtet, dass ihnen das Gericht Gottes angedroht wurde oder dass sie tatsächlich unter Gottes Gericht kamen. Judas Söhne Er und Onan (1. Mose 38,6-10) sowie Moses Sohn Gersom (2. Mose 4,24-26) waren **die Einzigen!** Und alle drei Männer haben **eines gemeinsam**: Jeder von ihnen hatte eine ausländische Mutter und war außerhalb der israelitischen Gemeinschaft geboren und erzogen worden. Ich vermute, dass diese drei deshalb bei ihrer Geburt *nicht beschnitten* worden waren (Gersom war es mit Sicherheit

nicht) und dass ihnen nicht gesagt wurde, was es mit Gottes Bund mit ihrem Vorvater auf sich hatte oder was es heißt, »vor Gott zu wandeln« (1. Mose 17,1). Sie galten deshalb als solche, die von Abrahams Stammbaum »abgeschnitten« waren (1. Mose 17,14).

11. 2. Mose 2,24-25; 3,6-10+21-22; 12,36; Psalm 105,37.

12. 2. Mose 11,4-7; 12,12-27; 13,6-10. Zuvor hatte Gott neun vernichtende Plagen über Ägypten gebracht und dabei gezeigt, das zwischen seinem Volk und den Ägyptern ein »Unterschied« bestand, die Israeliten blieben von diesen Plagen nämlich völlig *unberührt* (siehe 2. Mose 8,20-24; 9,1-7.22-26; 10,21-23). Der Punkt ist, dass der Herr sehr wohl wusste, wer zu seinem Volk gehörte. Er brauchte kein äußerliches Zeichen um zu wissen, wo sein Volk wohnte. Das Blut des Passahlamms war nicht für *ihn*; vielmehr war es ein Zeichen, das die Israeliten selber brauchten (2. Mose 12,13).

13. Zwei Dinge sind hier besonders zu bemerken: Erstens, das Blut des Passahlamms war nicht das Blut des alten Bundes. Der Bund des Gesetzes mit dem Blut und den Versöhnungsopfern wurde erst Monate nach der Flucht des Volkes aus Ägypten eingeführt, am Berg Sinai (2. Mose 24,3-7; Hebräer 9,16-22). Zweitens, im zweiten Buch Mose selbst wird kein Zusammenhang hergestellt zwischen der *Beseitigung des Sauerteigs* und der *Beseitigung der Sündhaftigkeit, wie manche meinen*. Das Neue Testament verwendet »Sauerteig« zwar für Scheinheiligkeit (Matthäus 16,12; Lukas 12,1; 1. Korinther 5,6-8; Galater 5,7-10), nicht aber für *Sünde* oder verwerfliches Verhalten im Allgemeinen.

14. Römer 4,15.
15. Römer 5,13.
16. 2. Mose 14,10-12+21-31.
17. 2. Mose 15,22-25.
18. 2. Mose 16,2-31. Kaum hatte Gott die ersten Anweisungen gegeben – nämlich am Sabbat zu ruhen und die tägliche Ration Manna nicht über Nacht aufzubewahren –, da wurden sie offensichtlich auch schon missachtet. Der Ungehorsam des Volkes Gottes brachte natürlich nichts Gutes oder Bleibendes hervor, sondern nur Verwesung und Gestank. Dennoch hatte ihr Eigensinn keine *Bestrafung* von Gott zur Folge (während er Israel nach dem Bundesschluss am Sinai viele Male strafte). Verwesung und Gestank waren vielmehr nur die *natürliche* Konsequenz des Versuchs, sich der Ordnung Gottes zu widersetzen.
19. 2. Mose 17,1-7.
20. Gemeinsam mit der betagten Prophetin Hanna steht Simeon für die letzte echte prophetische Stimme im alten Bund vor dem Predigtdienst des Cousins Jesu, Johannes des Täufers (Lukas 2,25-38).
21. 2. Mose 31,18; 5. Mose 9,9-11; Hebräer 9,4.
22. 2. Mose 32,7-10. Dass die Israeliten (unter Aarons Führung) so schnell bereit waren, ein goldenes Kalb zu kreieren und es anzubeten, hat vermutlich mit ihren Erfahrungen in Ägypten zu tun. Josua 24,14-15 deutet darauf hin, dass sie vor dem Auszug in Ägypten falsche Götter angebetet hatten. Aber erst unter dem Gesetzesbund und nachdem Jahwe *ausdrücklich seinen Wunsch geäußert* hatte nach einem monotheistischen Volk, wurde solcher

Götzendienst als sündig angesehen und mit dem Tode bestraft (weil er einen Verstoß gegen Gottes Bund darstellte).

23. 5. Mose 9,7-8+18-20.

24. 2. Mose 32,27-35. Obwohl Gott zunächst damit droht, das *ganze* Volk Israel (mit Ausnahme von Mose) wegen seines Götzendienstes zu vernichten, gibt er bekanntermaßen nach, als Mose ihn darum bittet. Mose beruft sich dabei darauf, dass Gott Abraham Treue versprochen hat. Denn der gerade eingeführte Gesetzesbund schob den Bund Abrahams nicht beiseite, er ersetzte ihn nicht und setzte ihn nicht außer Kraft. Vielmehr diente er als alternative Vereinbarung. Diese beiden Bündnisse existierten nebeneinander – bis Golgatha. Siehe Lukas 13,10-17, Galater 3,15-17.

25. 2. Mose 34; 4. Mose 10.

26. 4. Mose 10,33; 11,1-3.

27. 4. Mose 11,4-10+31-34.

28. 4. Mose 12,1-14.

29. 4. Mose 13,26-32; 14,36-38.

30. 4. Mose 15,32-36.

31. 4. Mose 16,1-3+31-35+41-49.

32. 4. Mose 21,4-7.

33. Siehe z. B. 5. Mose 31,24-32+35; Josua 23,15-16; Jeremia 3,8; 4,18-22; 15,5-9; 44,2-6.

34. Lukas 1,26-38; 2,9-15.

35. Jesaja 40,3; Maleachi 3,23-24; Matthäus 3,1-12; Lukas 1,17.

36. Johannes 1,29-31. Dies ist nicht nur einer der *ersten* Titel, der Jesus in unserem Neuen Testament gegeben wird.

Auch im letzten Buch der Bibel, der Offenbarung Jesu Christi an Johannes, wird Jesus überwiegend als *das Lamm* bezeichnet – in 22 Kapiteln 29 Mal.

37. Lukas 22,7-20; 1. Korinther 11,23-26.
38. Jesaja 53,12; Lukas 22,37; Hebräer 9,15; 1. Petrus 3,18.
39. Römer 11,26-27; Hebräer 9,26-28; 10,1-18.
40. 1. Johannes 3,5.
41. Lukas 3,16; Johannes 1,32-34; Apostelgeschichte 2,32-33.
42. Matthäus 3,1-2; 4,17.
43. Johannes 1,14; 14,9; 17,4-6; Kolosser 1,15; Hebräer 1,3.
44. Johannes 19,30.
45. Johannes 19,38-42; 20,1-29; Apostelgeschichte 1,9-11; 2,32-33; 1. Korinther 15,3-8; Epheser 4,7-10; Hebräer 1,3; 8,1-2; 9,23-28; 10,12; 1. Petrus 3,18-22.
46. Matthäus 27,48-51; Johannes 19,29-30.
47. Römer 10,4; Hebräer 2,2; 8,7+13; 10,9.
48. So wie ich es verstehe, wurde am Sinai am fünfzigsten Tag der Gesetzesbund eingesetzt – sieben volle Wochen nach der Besprengung mit dem Blut des Bundes (2. Mose 24,3-18; 32,15-28). An jenem Tag *starben dreitausend Menschen* durch das Schwert ihrer levitischen Brüder, weil sie dem »Dienst, der Tod brachte«, gefolgt waren. In direktem Gegensatz dazu wurde fünfzig Tage, nachdem Jesus sein Blut vergossen hatte (am Pfingsttag) der Heilige Geist auf Gottes neu gegründetes Bundesvolk – die Gemeinde – ausgegossen, eine neue Priesterschaft wurde eingesetzt und als Folge davon, dass ihnen die Predigt des Petrus »durchs Herz« drang, wurden an

diesem Tag *dreitausend Menschen gerettet* »durch den Dienst, der (Gottes Gabe der) Gerechtigkeit bringt« (Apostelgeschichte 2,1-41; 2. Korinther 3,6-9; 1. Petrus 2,4-5; Offenbarung 1,4-6; 5,9-10).

49. Hebräer 8,13; 10,5-9

50. Römer 3,20-24. Hier sollte erwähnt werden, dass Paulus in Philipper 3,3-9 (diese Stelle wird am Ende des Buches zitiert) »sein Vertrauen auf den *irdischen Zustand* (griechisch *sarx*) setzen« dafür verwendet, dass jemand sein Vertrauen auf seine *Abstammung* und/oder *Leistung* setzt – was er im Licht seiner neu gefunden *Stellung* in Christus als »Dreck« betrachtet.

51. Epheser 1,3-6.

52. Johannes 1,14+18; 1. Johannes 4,9.

53. Johannes 20,17; Hebräer 2,11-12.

54. Johannes 1,12; Römer 8,17; Galater 4,5.

55. Galater 3,16.

56. 1. Mose 22,18, Römer 4,13; Galater 3,6-8.

57. Galater 3,14+26-29; 1. Petrus 1,23; Römer 4,7.

58. 1. Mose 12,2-3; 15,1-7; 17,1-8; siehe auch Römer 4,16-17; Galater 3,7-9.

59. Hebräer 4,15; 1. Petrus 1,19.

60. Jesaja 53,9; 1. Petrus 2,22.

61. Hebräer 9,26-28; 10,10-14.

62. Es ist allgemein bekannt, dass 5. Mose 28 eine ganze Liste spezifischer Beispiele für den Segen und den Fluch aufführt, die unter dem Gesetzesbund verheißen bzw. angedroht wurden. Allerdings sprechen von den achtund-

sechzig Versen des Kapitels nur dreizehn – weniger als zwanzig Prozent – vom Segen. Die Betonung liegt eindeutig auf dem Fluch, der unter dem Gesetz droht und von dem »Christus uns losgekauft« hat (Galater 3,10-14).

63. 5. Mose 5,33; 7,11-15; 26,16-19; 28,11-13; 30,9; 32,9.

64. Jeremia 31,31-34; Römer 4,5-8; Hebräer 10,17.

65. Jesaja 53,11; 54,7-10; Jeremia 32,40-41; Hebräer 8,13.

66. Hesekiel 37,26-28; Apostelgeschichte 15,5-8.

67. Johannes 6,29.

68. 2. Korinther 5,21; Epheser 3,12.

69. Kolosser 1,12.

70. Römer 8,31.

71. Hebräer 7,22; 8,6.

72. Hebräer 8,6-13; 10,9.

73. Galater 3,1.

74. 1. Timotheus 1,7-11; 2. Timotheus 2,15.

75. Galater 1,6-7; 2,14-16; 6,12-16.

76. Philipper 3,12.

77. 1. Mose 6,5-13.

78. 1. Mose 18,20-33; 19,24-29, siehe auch Hesekiel 16,49-50.

79. Siehe z. B. 1. Thessalonicher 4,1-12; 1. Timotheus 3,14-15; Titus 2,1-3,2; 1. Petrus 3,1-16.

80. Sprüche 22,15; 23,13-14; 29,15.

81. Galater 3,24-25; 4,1-3. Diese Unterscheidung erinnert irgendwie an das, was über Abrahams Söhne Ismael und Isaak gesagt wird. Wenn Gott von Ismael spricht, nennt er ihn »Junge« (hebräisch *na'ar*); Isaak hingegen, den jün-

geren Bruder, nennt Gott Abrahams »Sohn« (hebräisch *ben*). Paulus erklärt, dass die beiden Brüder ein Sinnbild sind für das Volk des alten Bundes – dargestellt durch Ismael – und das Volk des neuen Bundes – die »Kinder der Verheißung«. Ein ähnlicher (wenn auch subtilerer) Vergleich findet sich im Gleichnis Jesu vom küssenden Vater. Hier bezeichnet der Vater den jüngeren Bruder als »dieser mein *Sohn*« (griechisch *huios*), während er für den älteren Sohn das Wort *teknon* gebraucht – meistens mit »*Kind*« übersetzt. Auch hier also wird der erniedrigte und dankbare Empfänger der Gnade »*Sohn*« genannt, während der selbstgerechte Bruder – ein deutlicher Hinweis auf die gesetzlichen Juden – als »*Kind*« bezeichnet wird. Siehe 1. Mose 21,12-20; 22,2+16; Lukas 15,24+31; Galater 4,22-31.

82. Das Wort, das in diesem Abschnitt mit »Lehrmeister« übersetzt wird – manchmal auch mit »Zuchtmeister« oder »Erzieher« – ist das griechische *paidagogos*, von dem das Wort »Pädagoge« stammt.

83. Galater 3,26-29.

84. Matthäus 10,1; 28,18-20; Galater 3,7-9+14.

85. Matthäus 28,19-20; Johannes 17,18; 2. Korinther 6,1.

86. Johannes 8,29; 1. Korinther 6,20; 2. Korinther 1,20; 5,9; Kolosser 1,10; 1. Timotheus 2,3.

87. Johannes 17,18; 2. Korinther 5,20; Titus 2,9-10; Hebräer 12,14.

88. Jeremia 31,33; Hesekiel 36,26-27; Hebräer 10,16.

89. Johannes 15,15; Römer 8,15-16; Galater 4,6; Hebräer 2,11; 1. Johannes 2,27.

90. Lukas 2,49.

Stimmen zu diesem Buch

»Chad Mansbridge stellt das Kreuz ins Rampenlicht – es ist der große Wendepunkt in der Menschheitsgeschichte. Sein Buch ist klug, herausfordernd und wichtig. Es zeigt die Freiheit und die Bedingungslosigkeit der Gnade Gottes.«
– **Andrew Farley,** Bestsellerautor von *Gott ohne Religion* & *Das nackte Evangelium*, West Texas, USA

»Dieses Buch wird Gläubige auf der ganzen Welt befähigen, tatsächlich so zu leben, wie Christus es für sie vorgesehen hat. *Du hast geerbt!* liefert entscheidende Schlüssel zum Verständnis des Bundes, in dem wir heute leben, und führt uns zu größerer Freiheit und Zuversicht, um so zu leben, wie Gott es für uns vorgesehen hat. Chad Mansbridge legt auf diesen Seiten überzeugend dar, dass jeder von uns

dazu berechtigt ist, das Reich Gottes in Vollmacht zu verkünden und den Himmel auf die Erde zu holen – weil Jesus den Preis bezahlt hat.«
– **Christ Gore**, Direktor von Healing Ministries, Bethel Church, Redding, USA

»Dieses Buch ist ein echtes Geschenk! Es lässt den Leser staunen über die herrliche Gnade, die Gott jedem Gläubigen schenkt, und wird ihn im Glauben an seine bedingungslose Liebe zu seinen Kindern und an seinen Segen stärken. Alle Segnungen in deinem Leben haben nur einen einzigen Ursprung: unseren Herrn, Erlöser und Hirten Jesus Christus.«
– **Peter Paauwe,** Leitender Pastor, DoorBrekers Christengemeente, Niederlande

»Ich finde es toll, dass gerade die kleinsten Bücher oft die größten Wahrheiten verkünden! In dem Bund, der für alle Ewigkeit geschlossen ist – dem Bund zwischen Gott und seinem Sohn Jesus Christus – können wir die Macht seiner Liebe am besten erkennen, das Ende frommer Rituale und den Beginn der Sohnschaft. Absolut entwaffnend lädt Chad Mansbridge uns ein, uns in aller Freundschaft am Hochzeitstisch des Lammes niederzulassen und

als Kinder zu empfangen, was wir uns nicht erarbeiten können, um wie erwachsene Söhne an allem Anteil zu haben, was Jesus Christus für uns erarbeitet hat. Dies Buch enthält unseren ewigen Lebenslauf!«
– **Isi de Gersigny**, prophetische Songwriterin, Songs for the Nations, Sydney, Australien

»In diesem hervorragenden Buch gelingt Chad Mansbridge auf nicht einmal hundert Seiten, was die meisten Autoren in zwei- oder dreimal so umfangreichen Büchern nicht schaffen! Klar, präzise und voll Begeisterung erklärt er uns, wie Gott die Menschheit sieht: voller Liebe und Gnade. Als Leiter einer Gemeindegründungsbewegung könnte ich mir sowohl für Menschen, die gerade erst zum Glauben gekommen sind, als auch für die Gemeindeleiter kein besseres Buch wünschen.«
– **Lucas Miles**, Gründer & Präsident, Oasis Network for Churches, Indiana, USA

»Ich finde, Chad Mansbridge hat ein kleines Meisterwerk geschaffen. Es kann entscheidend dazu beitragen, das wahre Evangelium zu verkünden, das Gott in unserer Zeit auf der ganzen Welt wieder neu enthüllen will. Noch nie habe ich so klar und

einleuchtend gelesen, was die drei großen Bundesschlüsse mit den heutigen Christen zu tun haben. Ich kann dieses Buch nur jedem empfehlen, der noch nicht verstanden hat, dass der Bund des Gesetzes inzwischen völlig hinfällig ist – vor allem aber auch jenen, denen es schwer fällt zu begreifen, was Gnade ist. Dieses Buch räumt alle Hindernisse weg und führt zu einer wunderbaren Freude, die immer da entsteht, wo man die Wahrheit entdeckt. Es ist mir ein wahres Vergnügen, dieses Buch herauszubringen, und ich freue mich schon auf sein nächstes!«
– **Ryan Rufus**, Gründer & Direktor, New Nature Publications, Hongkong

Weitere Bücher über die Botschaft der Gnade finden Sie unter:

www.gracetoday.de

ROB RUFUS

Ergreife das Unerreichbare

Sei bereit, deine Zeit ist gekommen

Wunder und Zeichen der göttlichen Macht gehören zum Glauben an Jesus Christus dazu – davon ist Rob Rufus überzeugt. Der Pastor aus Hongkong lädt auf mitreißende und ermutigende Weise dazu ein, dass Christen sich in der ihnen durch Gott verliehenen Autorität dem Unheil und dem Bösen in dieser Welt entgegenstellen und dabei mit dem übernatürlichen Wirken Gottes rechnen. Dieselbe Kraft, die Jesus Christus vom Tod erweckt hat, wirkt auch heute noch.

208 Seiten, Taschenbuch, ISBN: 978-3-943597-30-1
Bestellnummer: 371730

Rob Rufus und seine Frau Glenda haben in den vergangenen drei Jahrzehnten verschiedenen Gemeinden als Pastoren gedient. Derzeit leiten sie die City Church International in Hongkong. Robs Vision ist es, dass Menschen, Gemeinden und ganze Nationen durch die verwandelnde Kraft der Gnade Gottes zur Freiheit finden.

ANDREW FARLEY

Das nackte Evangelium

Jesus pur. 100 % natürlich. Ohne Zusatzstoffe.

Weg mit allem unnötigen Ballast, zurück zum Evangelium, wie es ursprünglich gemeint ist. Darum geht es Andrew Farley, der selbst erlebt hat, wie frommes Leistungsdenken in die Verzweiflung führen kann. Denn bei Weitem nicht alles, was christlich daherkommt, ist auch im Sinne Christi.

288 Seiten, gebunden, ISBN: 978-3-943597-15-8
Bestellnummer: 371715

Andrew Farley ist Pastor der Ecclesia-Gemeinde im US-Bundesstaat Texas und Professor für Linguistik an der Texas-Tech-Universität. Seine Leidenschaft gilt der simplen Botschaft, dass es im Leben und im Glauben letztendlich auf eines ankommt, nämlich auf Jesus Christus – und auf sonst nichts. Farleys Bücher rund um dieses Thema sind in seiner Heimat Bestseller.